CATALOGUE

D'UNE COLLECTION

DE

MÉDAILLES

ROMAINES, FRANÇAISES & ÉTRANGÈRES

ET

LIVRES

PROVENANT DE LA COLLECTION

DE

M. DUBOIS VOILQUIN

DONT LA VENTE AURA LIEU

HOTEL DES COMMISSAIRES-PRISEURS

RUE DROUOT, N° 5, SALLE N° 6

Le Jeudi 8 Février 1866

A UNE HEURE PRÉCISE.

M⁰ **DELBERGUE-CORMONT**, Commissaire-Priseur,
rue de Provence, 8,

Assisté de MM. **ROLLIN** et **FEUARDENT**, Experts,
rue Vivienne, 12,

CHEZ LESQUELS SE DISTRIBUE LE PRÉSENT CATALOGUE

EXPOSITION PUBLIQUE

Le Jour de la Vente, de midi à une heure.

PARIS

RENOU & MAULDE

IMPRIMEURS DE LA COMPAGNIE DES COMMISSAIRES-PRISEURS
Rue de Rivoli, 144.

1866

CATALOGUE

D'UNE COLLECTION

DE

MÉDAILLES

ROMAINES, FRANÇAISES & ÉTRANGÈRES

ET

LIVRES

PROVENANT DE LA COLLECTION

DE

M. DUBOIS VOILQUIN

DONT LA VENTE AURA LIEU

HOTEL DES COMMISSAIRES-PRISEURS

RUE DROUOT, N° 5, SALLE N° 6

Le Jeudi 8 Février 1866

A UNE HEURE PRÉCISE.

Mᵉ **DELBERGUE-CORMONT**, Commissaire-Priseur,
rue de Provence, 8,
Assisté de MM. **ROLLIN** et **FEUARDENT**, Experts,
rue Vivienne, 12,
CHEZ LESQUELS SE DISTRIBUE LE PRÉSENT CATALOGUE

EXPOSITION PUBLIQUE

Le Jour de la Vente, de midi à une heure.

PARIS

RENOU & MAULDE

IMPRIMEURS DE LA COMPAGNIE DES COMMISSAIRES-PRISEURS
Rue de Rivoli, 144.

1866

CONDITIONS DE LA VENTE

Elle sera faite au comptant.

Les Acquéreurs paieront, en sus des adjudications, CINQ pour CENT applicables aux frais.

DÉSIGNATION

MÉDAILLES ROMAINES

1. **Jules César, Marc Antoine, Auguste**. Revers variés. AR. 5 pièces.

2. **Auguste**. Revers variés. AR. 4 p.

3. **Jules César** et **Auguste**. Proue de navire (fr. à Vienne). GB. 1 p.

4. — Même pièce, une autre de Lyon. GB 2 p.

5. **Auguste**. DIVVS IVLIVS, dans une couronne. GB. 1 p.

6. — Revers variés. G. et MB. 5 p.

7. **Agrippa**, **Auguste** et **Agrippa**. MB. 2 p.

8. **Tibère**. PONTIF. MAXIM. Livie assise. AR. 2 p.

9. — ROM.ET.AVG. Autel de Lyon. GB. 1 p.

10. **Drusus, César, Antonia**. MB. 2 p.

11. **Antonia**. TI CLAVDIVS, etc. Figure debout tenant le simpule. MB. 1 p.

12. **Néron et Drusus**. NERO ET DRVSVS, etc. Deux cavaliers. MB. 2 p.

13. **Caligula**. S.P.Q.R. OB CIVES SERVATOS dans une couronne. GB. 1 p

14. **Claude**. PACI AVGVSTAE. Némésis debout à droite. AR. 1 p.

15. — Revers variés. MB. 3 p.

16. **Agrippine** jeune. TI CLAVD, etc. Tête laurée de Claude. AR. 1 p.

17. **Néron**. Jupiter assis. La Santé assise. AR. 2 p.

18. — Revers variés. GB. et MB. 3 p.

19. — **Néron**. R̶/. MAC. AVG. Édifice à doubles rangs de colonnes. MB. 1 p.

20. — Même pièce. MB. 1 p.

21. — Revers variés. MB. 3 p.

22. —   Id.   · Id.   3 p.

23. — VICTORIA AVGVSTI. Victoire allant à gauche. MB. et un potin d'Egypte 2 p.

24. **Interrègne**. FIDES EXERCTVVM. Deux mains jointes. AR. 2 p.

25. — **Galba**. S. C. Victoire allant à dr. GB. 1 p.

26. — ROMA S. C. Rome debout à g. GB. 1 p.

27. — ROMA. Rome assise et LIBERTAS. La Liberté debout. GB. 2 p.

28. — S. C. Trois enseignes et S.P.Q.R OB CIV. SER. dans une couronne. MB. 2 p.

29. **Othon**. PAX ORBIS TERRARVM. La Paix debout à g. AR. 1 p.

30. **Vitellius**. IVPITER VICTOR. Jupiter assis à g AR. 1 p.

31. — PAX AVGVSTI. La Paix debout à g. GB 1 p.

32. — CONCORDIA AVGVSTI. La Concorde assise à g. MB. 1 p.

33. **Vespasien**. Revers variés. AR. 3 p.

34.   Id   Id.   Id. 3 p.

35.   Id.   Id.   Id. 3 p.

36.   Id.   Id.   AR. 4 p.

37.   Id.   Id.   GB. et MB. 2 p.

38. **Domitille**. FORTVNA AVGVST. La Fortune debout à g. AR. fourrée. 1 p.

39. **Titus**. Revers variés. AR. 3 p.

40.   Id.   Id. GB. et MB. 3 p.

41. **Julie**. DIVAE IVLIAE AVG. DIVI TITI. F. Carpentum. GB. 1 p.

42. **Domitien**. Revers variés. AR. 6 p.

43.   Id.   Id.   AR. 7 p.

44.   Id.   Id.   GB. 3 p.

45.   Id.   Id.   MB. 3 p.

46. **Domitien**. Revers variés. MB. 4 p.
47. **Nerva**. Revers variés.   AR. 4 p.
48.   Id.   Id.   AR. 4 p.
49. — FORTVNA AVGVST. La Fortune debout à g. GB. 1 p.
50. Même revers. MB. 2 p.
51. **Trajan**. Revers variés. AR. 4 p.
52.   Id.   Id.   AR. 8 p.
53.   Id.   Id.   AR. 8 p.
54.   Id.   Id.   GB. et MB. 3 p.
55.   Id.   Id.   MB. 4 p.
56. **Hadrien**. PARTHIC DIVI TRAIAN, etc. Deux figures
 * debout se donnant la main. AR. 1 p.
57. — Revers variés. AR. 6 p.
58.   Id.   AR. 6 p.
59. — COS III. Tête de Jupiter Ammon. PB. 1 p.
60. — Revers variés. GB. 4 p.
61.   Id.   GB. 4 p.
62.   Id.   MB. 3 p.
63.   Id.   MB. 4 p.
64. **Sabine**. Revers variés. AR. 3 p.
65.   Id.   AR. et MB. 4 p.
66. **Ælius**. Revers variés. AR. 3 p.
67. — TR POT COS II. L'Espérance allant à gauche. GB. et
    MB. 2 p.
68. **Antonin**. Revers variés. AR. 9 p.
69.   Id.   Id.   AR. 10 p.
70. — INDVLGENTIA AVG COS IIII. Figure assise à g. GB. 1 p.
71. — Revers variés. GB. 2 p.
72.   Id.   MB. 5 p.
73. **Faustine mère**. Revers variés. AR. 6 p.
74.   Id.   Id.   Id.   MB. 2 p.
75. **Marc Aurèle**. Revers variés.   AR. 3 p.
76.   Id.   Id.   Id.   AR. 4 p.
77.   Id.   Id.   Id.   AR. 4 p.
78.   Id.   Id.   Id.   GB. 2 p.

79. **Marc Aurèle**. Revers variés.   GB. 3 p.
80.   Id.   Id.   Id.   GB. 4 p.
81.   Id.   Id.   Id.   MB. 4 p.
82. **Faustine jeune**. Revers variés. AR. 4 p.
83.   Id.   Id.   Id.   AR. 5 p.
84.   Id.   Id.   Id.   GB 2 p.
85.   Id.   Id.   Id.   GB 3 p.
86.   Id.   Id.   Id.   MB. 3 p.
87. **L. Vérus**. Revers variés. AR. 3 p.
88.   Id.   Id.   Id.   AR. 4 p.
89.   Id.   Id.   Id.   MB. 3 p.
90. **Lucille**. Revers variés. AR. 3 p.
91.   Id.   Id.   Id.   G. et MB 4 p.
92. **Commode**. Revers variés. AR. 4 p.
93.   Id.   Id.   Id.   G. et MB. 5 p.
94. **Crispine**. Revers variés.   AR. et MB 4 p.
95. **Pertinax**. PROVID DEOR COS II. La Providence debout à gauche. AR. 4 p.
96. **Dide Julien**. RECTOR ORBIS. L'Empereur debout à gauche, tenant un globe. GB. 4 p.
97. **Albin**. Revers variés. AR. 2 p.
98.   Id.   Id.   AR. 2 p.
99. — FELICITAS COS II. La Félicité debout à g. GB. 4 p.
100. Même revers. GB. 4 p.
101. **Septime Sévère**. Revers variés. AR. 10 p.
102.   Id.   Id.   Id.   AR. 10 p.
103.   Id.   Id.   Id.   G. et MB. 3 p.
104. **Julia Domna**. Revers variés. AR 9 p.
105.   Id.   Id.   Id.   AR. 9 p.
106.   Id.   Id   Id.   G. et MB. 3 p.
107. **Caracalla**. Revers variés. AR. 6 p.
108.   Id.   Id.   Id. AR. 6 p.
109. — Médaillon frappé au XVI⁰ siècle. Bronze. 4 p.
110. — Revers variés. G. et MB. 4 p.

111. **Plautille**. Revers variés. AR. 2 p.
112.   Id.   Id.   Id.   AR. 2 p.
113. **Geta**. Revers variés.   AR. 6 p.
114.   Id.   Id   AR. 6 p.
115. **Macrin**. Revers variés.   AR. 3 p.
116.   Id.   Id.   AR. 3 p.
117. — PONTIF. MAX. TR.P COS. P P. La Félicité debout à g.
     GB. 1 p.
118. **Elagabale**. Revers variés. AR. 9 p.
119.   Id.   Id.   Id.   MB. 2 p.
120. **Paula**. CONCORDIA. La Concorde assise à g. AR. 2 p.
121. — Même revers GB. 1 p.
122. **Aquilia Severa**. CONCORDIA. La Concorde debout
     à gauche. AR. 1 p.
123. — Même médaille. AR. 1 p.
124. **Soaemias**. Revers variés.   AR. 2 p.
125.   Id.   Id.   Id.   AR. 2 p.
126. — VENVS CAELESTIS. Vénus assise à g. MB. 1 p.
127. **J. Maesa**. Revers variés.   AR. 4 p.
128.   Id.   Id.   Id.   AR. 4 p.
129. — PVDICITIA. La Pudeur assise à g. GB. 1 p.
130. — PIETAS AVG. La Piété debout à g. GB. 2 p.
131. **Alexandre Sévère**. Revers variés. AR. 8 p.
132.   Id.   Id.   Id.   Id.   AR. 7 p.
133. —   Id.   GB. 5 p.
134. —   Id.   MB. 6 p.
135. **Orbiana**. CONCORDIA AVGG. La Concorde assise à g.
     AR. 1 p.
136. — CONCORDIA AVGVSTORVM. Même type. GB. 1 p.
137. — Même médaille. GB. 1 p.
138. **Julia Mamaea**. Revers variés. AR. 4 p.
139.   Id.   AR. 5 p.
140.   Id.   GB. 3 p.
                       Id.   G et MB. 3 p.

142. **Maximin**. Revers variés. AR. 6 p.

143. — Id. GB. 3 p.

144. — Id. G et MB. 4 p.

145. **Pauline**. CONSECRATIO. Paon enlevant l'Impératrice. GB. 2 p.

146. **Maxime**, PRINCIPI IVVENTVTIS. Maxime debout. GB. 1 p.

147. **Gordien d'Afrique père**. PROVIDENTIA AVGG. La Providence debout à g. GB 1 p.

148. **Balbin**. CONCORDIA AVGG. Deux mains jointes. AR. 1 p.

149. — Revers variés. AR. 2 p.

150. — PROVIDENTIA DEORVM. La Providence debout à g. GB. 1 p.

151. — Même revers et VICTORIA AVGG. Victoire debout à g. GB. 2 p.

152. **Pupien**. CLARITAS MVTVA AVGG. Deux mains jointes. AR. 2 p.

153. — PAX PVBLICA. La Paix assise à g. GB. 1 p.

154. — Revers variés. GB. 2 p.

155. **Gordien III**. Revers variés. AR. 10 p.

156. — Id. AR. 10 p.

157. — Id. G et MB. 7 p.

158. **Philippe père**. Revers variés. AR. 8 p.

159. — Id. AR. 6 p.

160. — Id. AR. 6 p.

161. — PAX ÆTERNA. La Paix allant à g. GB. 1 p.

162. — Revers variés. GB et M. 3 p.

163. **Otacilie**. Revers variés. AR. 6 p.

164. — Id. AR. 6 p.

165. — CONCORDIA AVGG. La Concorde assise. GB. 1 p.

166. **Philippe fils**. Revers variés. AR. 9 p.

167. — Revers variés. G et MB. 5 p.

168. **Trajan Dèce**. Revers variés. AR. 12 p.

169. — Id. Médaillon G et MB. 3 p.

170. **Etruscille** Revers variés. AR. 8 p.
171. — PVDICITIA AVG. La Pudeur assise à g. MB. 1 p.
172. **Herennius , Etruscus, César.** Revers variés, AR. 4 p.
173. — PRINCIPI IVVENTVTIS. Le Prince debout à g. GB. 1 p.
174. **Hostilien César.** Revers variés. AR. 5 p.
175. — Id. GB. 2 p.
176. **Trébonien Galle.** Revers variés. AR. 8 p.
177. — Id. G et MB. 3 p.
178. **Volusien.** Revers variés. AR. 8 p.
179. **Æmilien.** VOTIS DECENNALIBVS. S. C. dans une couronne. GB. Pièce retouchée. 1 p.
180. **Valérien.** Revers variés. AR. 1 p.
181. **Mariniana.** Les deux revers. AR. 6 p.
182. **Gallien.** Revers variés. AR et PB. 13 p.
183. **Salonine.** Revers variés. AR. PB et deux potins d'Egypte. 16 p.
184. — Revers variés. AR. 9 p.
185. **Postume père.** Revers variés. AR. 18 p.
186. — Revers variés. G. M. et PB. 9 p.
187. **Marius.** Revers variés. PB. 4 p.
188. **Claude II, Quintille.** Revers variés, PB. 8 p.
189. **Aurélien, Sévérine.** Revers variés. M. et PB. 13 p.
190. **Vabalathe et Aurélien.** Potin d'Egypte. 1 p.
191. **Tacite.** Revers variés. PB. 5 p.
192. **Florien.** Revers variés PB. 4 p.
193. **Probus.** Revers variés. PB. 6 p.
194. **Carus, Némérien, Carinus.** Revers variés. PB. 19 p.
195. **Dioclétien.** Revers variés. M. et PB. 6 p.
196. **Maximien-Hercule.** Revers variés. M. et PB. 4 p.
197. **Constance Chlore** Revers variés. M. et PB. 4 p.

198. **Hélène**. PAX PVBLICA. La Paix debout à g. PB. 3 p.

199. **Théodora**. PIETAS ROMANA. La Piété debout à g. PB. 3 p.

200. **Sévère II** Revers variés. MB. 4 p.

201. **Maximin d'Aza**. GENIO POPVLI ROMANI. Génie debout. M. et PB. 2 p.

202. **Maxime**. Revers variés. M. et PB. 5 p.

203. **Romulus**. ÆTERNÆ MEMORIÆ. Temple rond. MB. 2 p.

204. **Licinius père**. Revers variés. PB. 5 p.

205. **Constantin-le-Grand**. Revers variés. M. et PB. 11 p.

206. **Fausta**. SALVS REIPVBLICÆ. PB. 2 p.

207. **Crispus**. Revers variés. PB. 3 p.

208. **Delmatius**. GLORIA EXERCITVS. Deux soldats. PB. 2 p.

209. **Constance**. Revers variés PB. 4 p.

210. **Constance II**. Revers variés. AR. et MB. et GB. 6 p.

211. **Magnence**. Revers variés. MB. 6 p.

212. **Julien II**. Revers variés. M. et PB. 3 p.

213. **Hélène** (de Constance Chlore). SECVRITAS REIPVBLICÆ. PB. 3 p.

214. **Jovien**. VOT. V. MVLT X : dans une couronne. PB. 1 p.

215. **Valentinien**. Revers variés. AR. et PB. 9 p.

216. **Valens**. Revers variés. PB. 4 p.

217. **Gratien**. Revers variés. AR. et PB. 5 p.

218. **Théodose**. Revers variés. AR. et PB. 15 p.

219. **Mag. Maximus**. L'Empereur debout à g. MB. 1 p.

220. **Victor**. Porte d'un camp. PB. 1 p.

221. **Arcadius**. Revers variés. PB. 5 p.

222. **Honorius**. Revers variés. AR. et PB. 5 p.

223. Jean Comnène de Trébizonde. AR. 2 p.

224. — Petits bronzes du Haut et Bas-Empire. 68 p.

MONNAIES FRANÇAISES

225. Charlemagne? METVLLO. 5 p.

226. Louis le-Débonnaire? XPISTIANA RELIGIO. 7 p.

227. Charles-le-Chauve. Blois, Orléans, Le Mans. 8 p.

228. Charles-le-Chauve. Le Mans, Orléans, Tours, Blois. 9 p.

229. Charles de Provence. Arles. 1 p.

230. Louis VI, Louis VII. Bourges, Orléans, Mantes, Étampes, Pontoise. 11 p.

231. Philippe-Auguste. Arras, Montreuil, Paris. 15 p.

232 Louis VIII? Paris. 7 p.

233. Louis IX. Gros tournois. 5 p.

234. Louis IX ou **Philippe III.** Deniers. 18 p.

235. Princes croisés. Deniers. 7 p.

236. Philippe IV. Gros et deniers. 8 p.

237. — Deniers et oboles. 8 p.

238. Louis X. Gros.

239. Charles IV. Demi-gros. 10 p.

240. Philippe VI. Gros à la couronne et gros au lis. 6 p.

241. Jean le Bon. Blancs et gros. 4 p.

242. Charles V. Blanc dit de donne. 2 p.

243. Charles VI. Gros blancs. 7 p.

244. — Blancs, dits Guénars, frappés à Romans, Mirabel, Crémieux, Montpellier, Toulouse, Tours, Angers, Poitiers, Saint-Pourçain, Dijon, Troyes, Rouen, Tournay, Saint-Quentin, Paris, Lyon. 48 p.

245. — Deniers et doubles tournois. 11 p.

246 ANGLO-FRANÇAISES : **Henri V** et **Henri VI**.
Diverses. 11 p.

247. **Charles VII**. Blancs a la fleur de lis, dentillé, au K,
et autres. 14 p.

248. **Louis XI**. Blancs, etc. 10 p.

249. **Charles VIII**. Gros blanc, demi, Hardy et divers.
12 p.

250. **Louis XII**. Hardy, Patard de Milan et divers.
11 p.

251. **François Ier**. Teston et douzains, avec le titre de
duc de Bretagne; douzain frappé à Chambéry, avec
l'écusson de Savoie; autre à la Salamandre. 4 p.

252. — Testons. 4 p.

253. — Demi-teston et douzain à l'écusson de France et à
l'écusson du Dauphiné. 4 p.

254. — Douzains et divers. 18 p.

255. **Henri II**. Testons, deniers et douzains. 16 p.

256. **François II**. Teston, demi-teston, avec la tête de
Henri II; frappés en 1560. 2 p.

257. **Charles IX**. Testons, demi-testons et denier. 7 p.

258. **Henri III**. Franc, douzains, liards et deniers.
12 p.

259. **Charles X de la Ligue**. Teston, demi-teston,
douzains et liards. 7 p.

260. **Henri IV**. Testons, douzains, liards du Dauphiné et
autres. 17 p.

261. **Louis XIII**. Testons, 24 sous, 12 sous, liard à l'écu
de Navarre. 8 p.

262. **Louis XIV**. Quart, huitième d'écu à l'écusson,
Flandre et Bourgogne. — Autres de divers types frappés
en 1710, 1711 et 1715. 20 p.

263. — Demi, quart, huitième et seizième d'écu à l'écus-
son de Flandre et Bourgogne, série. 4 p.

264. — Demi-écus, tous variés. 9 p.

265. — **Louis XIV**. Quart d'écu et pièces de diverses
valeurs et types. 19 p.

266. **Louis XV**. Quart, huitième, deux sous et sou de
billon. 13 p.

267. **Louis XVI**. Demi-écu constitutionnel. 4 p.

268. — 24 sous, 12 sous, 6 sous ; billons de 2 et 3 sous.
24 p.

269. — Pièces de 15 et 30 sous. 6 p.

270. **Bonaparte** et **Napoléon**. 2 fr., 1 fr. 50 cent. et
25 cent., frappés à Turin, Utrecht et Paris. 20 p.

271. — 1 franc, 15 sous, 10, 5, 3 et 1 centimes. 14 p.

272. — Petits cuivres d'essai. 4 p.

273. **Louis XVIII, Charles X, Louis-Philippe** et
Napoléon III. 1 franc, 50 centimes et billons.
20 p.

274. **Révolution française**. Métal de cloche, écussons
aux trois fleurs de lis et un faisceau. ℞. La Nation, la
Loi, le Roi. 1 p.

275. — Dixain, médaille à la tête du roi, de la Confé-
dération, jetons et monnerons à l'Hercule et autres.
17 p.

276. — 3 centimes d'essai, Gengembre. 3 p.

277. — Lesage et Lefèvre. 5, 10 et 20 sous. Caisse métalli-
que, 2 sous. Monnerons et médailles. 17 p.

278. — Dixain, monnerons à l'Hercule et autres ; pièces
d'essai. 22 p.

279. **République napolitaine**. CARLINI SEI, sous et
double, républiques italiennes et monnerons. 17 p.

280. **Famille Bonaparte**. Murat, roi des Deux-Siciles.
1, 2 et 5 francs ; grana et 3 grana. 5 p.

281. **Marie-Louise**, duchésse de Parme. 1, 3, 5 cent.,
5 et 10 sous. 9 p.

282. **Joseph-Napoléon**. 1, 2, 4, 10 et 20 réaux ; série
d'argent. 5 p.

283. — 2 et 4 réaux, sous. 5 p.

284. **Félix** et **Élisa**. 5 francs, 1 franc et 3 centimes
3 p.

285. **Jérôme-Napoléon**, roi de Westphalie. 2 francs et
autres, argent et cuivre. 14 p.

286. **Louis-Napoléon**, roi de Hollande. Demi-florin.
2 p. Ce lot pourra être divisé

287. — Essai en cuivre de 1 gulden, 2 gulden, 2 gulden et
demi, dem -florin et monnaies de Java. 8 p.

288. **Bernadotte** (CHARLES-JEAN). Argent et cuivre.
Monnaies variées. 14 p.

SOUS & LIARDS

289. **Louis XV**. Sou, 2 liards et liard au type de Pro-
vence. Série. 3 p.

290. — La même série de Provence. 2 sous, sous, 1 et
2 liards de Louis XV et Louis XVI. 29 p.

291. **Louis XV** et **Louis XVI**. Sous et liards, sous
et 2 sous aux balances. 33 p.

292. **République française**. 2 décimes, décime,
1 décime et 5 centimes de l'an IV et V. 19 p.

293. — La même série. 19 p.

294. — Siége de Mayence. 1 sou, 2 sous et 5 sous. 3 p.

295. **Napoléon**. Anvers. 5 et 10 centimes. 2 p.

296. **Louis XVIII**. Anvers. 5 et 10 centimes. Jean-Louis
Gagnepain. 2 p.

297. **Napoléon, Louis XVIII, Charles X** et **Louis-
Philippe**. Sous et 2 sous. 18 p.

298. — Les mêmes et la série de Mayence. 19 p.

299. — Liards de Henri III à Louis XVI. 8 p.

300. **Louis XIV**. Série des ateliers monétaires des liards.
30 p.

301. — La même série. 30 p.

MONNAIES ÉTRANGÈRES

302. **Russie**. Douze empereurs ou impératrices et autres. Argent et cuivre. 18 p.

303. **Hongrie**. Révolution de 1848. Argent et cuivre. 6 p.

304. **Angleterre. Jacques II**. La couronne et une pièce des douze mois. 13 p.

305. **Suède**. Les 10 dalers de Charles XII.
— Six séries, la première très-belle. 60 p.

306. **Suisse**. Monnaies diverses. 40 p.

307. **Allemagne et autres**. Argent. 60 p.

308. 30 médailles de Napoléon II et le coin. 30 p.

309. 7 emporte-pièces.

310. 1 médaillier en chêne, cinquante tiroirs, avec leurs cartons.

311. 1 médaillier également en chêne, sept tiroirs.

LIVRES

312. A. DE BARTHELEMY. Manuel de Numismatique moderne. 3 exemplaires avec leurs planches.

313. BESCHERELLE. Dictionnaire national. 2 forts volumes in-fol.

314. DU MÊME. Grammaire nationale. 1 beau volume in-4°.

315. BOTTARELLI. Dictionnaire français-italien et italien-français.

316. VENERONI. Grammaire de la langue italienne.

317. BONNEVILLE. Traité des Monnaies d'or et d'argent.

318. DUC DE LUYNES. Études numismatiques.

319. GARNIER. Mémoire sur la valeur des monnaies de compte des anciens.

320. HENNIN. Histoire numismatique de la Révolution française, le 2me volume (les planches seulement).

321. MIONNET. De la rareté et du prix des Médailles romaines. 2 volumes.

322. HOFFMANN. Bulletins périodiques. 3 années.

323. GOSSELLIN. Catalogue de Médailles romaines avec les prix de vente

324. LENORMANT. Description des Médailles grecques, composant le cabinet du baron Behr, avec les prix de vente.

325. NORBLIN. Catalogue de Monnaies françaises et étrangères, avec les prix.

326. POEY D'AVANT. Catalogues de ses deux ventes de Monnaies baronales, avec les prix.

327. Quatre Catalogues reliés ensemble : Fontana, Deville, Soleirol et Petetin.

328. Six Catalogues divers, avec les prix de vente.

329. St-ISIDORE. Fort in-4°, manuscrit sur vélin, attribué à St-Isidore, de 600 à 630.

330. J.-J. ROUSSEAU. OEuvres complètes. 33 volumes reliés en veau.

RENOU et MAULDE, imprimeurs de la Compagnie des Commissaires-Priseurs, rue de Rivoli, 144.   49327